OBSERVATIONS

SUR CERTAINES DISPOSITIONS

DE LA

PROPOSITION DE RÉFORME P.M.

RELATIVE A LA

PROTECTION DE LA LIBERTÉ INDIVIDUELLE

PRIVAS
TYPOGRAPHIE ET LITHOGRAPHIE LUCIEN VOLLE

1920

Ce 5 sept. 1919.

OBSERVATIONS

SUR CERTAINES DISPOSITIONS

DE LA

PROPOSITION DE RÉFORME P. M.

Relative à la

PROTECTION DE LA LIBERTÉ INDIVIDUELLE

(Texte au J. Offic. du 17 Juillet 1919, Ch. Députés, p. 3515 à 3517.)

LA Proposition de M. Paul Meunier relative à la protection de la liberté individuelle a été votée sans débats à la Chambre, dans sa deuxième séance du 16 juillet dernier.

Le mouvement d'entraînement est venu, ce semble, de la faveur qui s'attache à la disposition, y incluse, d'abrogation de l'article 10 du Code d'instruction criminelle considéré comme portant atteinte au principe de la Séparation des Pouvoirs *(législatif, exécutif et judiciaire ; ne s'aperçoit-on pas qu'il existe aussi, de nos jours, un Pouvoir électoral ?)*, principe qui s'oppose tant à la dictature qu'au chaos. Voici l'art. 10 :

« Les Préfets des départements et le Préfet de police, à Paris, pourront faire personnellement ou requérir les officiers de police judiciaire, chacun en ce qui le concerne, de faire tous actes nécessaires à l'effet de constater les crimes, délits et contraventions et d'en livrer les auteurs aux Tribunaux chargés de les punir, conformément à l'article 8 ci-dessus ».

La question des atteintes au principe de la Séparation des Pouvoirs mériterait, en vérité, d'être traitée dans son ensemble, au lieu de l'être fragmentairement, sur une disposition d'application tout à fait exceptionnelle.— Au contraire, les Notes, dites politiques, destinées à influer sur les destinées des membres du Pouvoir judiciaire, et qui, il n'y a pas longtemps encore, étaient imposées aux Préfets, sont essentiellement propres à jouer pour couvrir, sous le cachet confidentiel, les atteintes les plus caractérisées à l'indépendance de ce Pouvoir, quoique par voie indirecte. Le danger est d'autant plus positif qu'il n'est pas habituel que les Préfets des Départements fassent un très long séjour dans leurs divers postes et qu'ainsi, n'ayant pas le plus souvent une connaissance intime des sujets dont ils sont appelés à donner le signalement moral, du point de vue politique, ils se trouvent exposés à subir l'influence de renseignements provenant, de près ou de loin, d'hommes de parti, de bonne foi sans doute, mais assez souvent peu ou point au courant des questions juridiques et d'un tempérament plus ou moins impulsif. Quels risques à juger les Jugements, sans une étude préalable des dossiers à la fois compétente, complète et en dehors de toute idée préconçue ! — Voilà donc une éventualité de condamnations secrètes, mal éclairées et définitives qui pèse sur les magistrats de l'ordre judiciaire, du fait de l'immixtion de l'autorité préfectorale, tandis que, en vertu de l'art. 10 C. inst. crim., il ne peut être engagé par cette autorité que des actes préparatoires ou provisoires qui sont finalement livrés à l'appréciation de l'autorité judiciaire, en vue de la décision définitive, sous la garantie des règles de défense du droit commun.

En réalité, l'influence que l'art. 10 C. instr. crim. refuse aux Préfets sur les décisions définitives, c'est l'attribution des Notes sur les membres du Corps judiciaire qui est de nature à la donner à ceux d'entre eux qui seraient portés à l'autoritarisme interventionniste, si, en face, ne se rencontrent des caractères de trempe ferme.

Ce n'est pas la façade seulement qui a de l'importance dans un édifice.

Un examen serré de plus près révèlerait d'autres erreurs ou enchevêtrements de frontières entre les trois Pouvoirs.

D'abord il serait opportun de sortir d'un vague qui prête éminemment aux malentendus, en définissant avec précision ce qu'on entend par Séparation des Pouvoirs, l'étendue des attributions à réserver au Pouvoir judiciaire, les bases de son indépendance.

Quelles garanties y a-t-il lieu de fixer en vue d'assurer cette indépendance, en ce qui concerne le recrutement, la conservation de l'emploi et l'avancement ainsi qu'en ce qui concerne la composition d'un Conseil de discipline ?

La recherche, la constatation et la poursuite des infractions à la loi pénale doivent-elles appartenir exclusivement à l'autorité judiciaire comme les Jugements?

Si le Préfet possède actuellement des pouvoirs pour la constatation et la recherche des infractions à la loi pénale, en vertu de l'article 10 C. instr. crimin., le Conseil de Préfecture, dont il est le Président de droit et dont les autres membres sont également déplaçables et révocables *ad nutum*, sous le contre-seing du Ministre de l'Intérieur (*l'intervention du Président de la République dans les décrets de déplacement ou de révocation n'est, en général, que de pure forme ; c'est une fiction constitutionnelle*) possède des pouvoirs bien plus graves, incontestablement par essence du ressort judiciaire, des pouvoirs de jugement en certaines matières déterminées par des lois spéciales. Du reste les Préfets possèdent isolément des pouvoirs propres de juridiction, déterminés de même par des lois spéciales, les Ministres aussi et ce n'est que depuis peu qu'est à peu près abandonnée cette théorie, longtemps admise par la doctrine et la jurisprudence, que les Ministres seraient Juges de droit commun (*quelle aberration ?*) en matière administrative, chacun dans les cas se rattachant au cercle de ses attributions (*Dalloz. Jurisprudence Générale. Supplément. Compétence administrative, n°* 405 *et suivants.*)

Notre législation, on le voit, est loin, bien loin d'atteindre à l'harmonie parfaite et l'explication en est, en grande partie, dans ce vice de méthode consistant à traiter les problèmes d'organisation trop séparément, au jour le jour, au lieu de les ramener sous une vue d'ensemble qui, en embrassant tous les détails, dégagerait nettement les considérations prépondérantes ou idées directrices et ainsi éviterait l'incohérence. — On peut dire encore qu'il y a là un reste de l'empreinte des régimes primitifs, régimes qui n'admettaient pas la pleine liberté de discussion vis-à-vis des actes de leurs agents, même devant l'autorité judiciaire, sur grief de lésion d'un droit.

Aux Etats-Unis, l'importance du rôle de l'autorité judiciaire est si bien comprise et respectée, qu'il entre dans les attributions d'une Cour suprême de prononcer l'annulation des lois portant atteinte aux principes constitutionnels.

Certains théoriciens font rentrer le Pouvoir judiciaire dans le Pouvoir exécutif. — Sans doute le Pouvoir judiciaire contribue à assurer l'exécution des lois. C'est, en ce sens, une branche du Pouvoir exécutif, mais qui doit rester nettement séparée des autres branches, comme comportant des garanties d'indépendance particulières. C'est le Pouvoir exécutif judiciaire, abréviativement Pouvoir judiciaire. — Ne perdons jamais de vue l'idée de derrière toute formule qui n'est pas creuse.

Est-ce bien «Pouvoir judiciaire» qu'il faut dire ?— A y regarder de près, voilà une de ces expressions vagues, simplistes qu'il vaudrait mieux bannir du langage scientifique comme susceptibles de nuire à la clarté des idées, partant d'embrouiller. —Nous dédoublerions : Pouvoir de Jugement et Pouvoir chargé de la recherche, de la constatation et de la poursuite des infractions à la loi pénale, abréviativement Pouvoir de police de poursuite à fins répressives, Pouvoir de police de poursuite, Pouvoir d'inculpation.

Au Pouvoir de Jugement doivent être assurées les plus larges garanties d'indépendance, dont le rattachement au Ministère de la Justice et l'inamovibilité.

Toutefois les nécessités de la discipline dans les Armées motivent l'organisation spéciale des Tribunaux militaires et maritimes. — La loi du 27 avril 1916 a introduit une réforme d'heureuse inspiration, en ce qui concerne la composition mixte des Conseils de revision.

La juridiction du Conseil d'Etat, dont le recrutement est d'ailleurs un recrutement de choix et qui est en situation de planer au-dessus de bien des intrigues, subsisterait, mais avec limitation à l'annulation pour excès de pouvoir des actes d'autorité irréguliers de l'Administration (*Pourquoi laisser à des Conseils de Préfecture et, en appel, au Conseil d'Etat, par exemple, le contentieux des Contributions directes, celui relatif à l'interprétation et à l'exécution des marchés de travaux se rattachant au domaine public, les contraventions de grande voirie, alors qu'appartiennent aux Tribunaux ordinaires le contentieux des Contributions indirectes et de l'Enregistrement, les marchés de travaux de sociétés ou simples particuliers, les contraventions de petite voirie et, en général, les contraventions aux règlements faits par l'autorité administrative? — La spécialisation de certains Tribunaux, dans le cadre ordinaire, pour un ensemble d'affaires homogène, est une autre question.)* — Le maintien du Tribunal des conflits serait la conséquence du maintien de la juridiction du Conseil d'Etat dans les limites indiquées.

Pour le contentieux électoral (*contestations relatives à la confection des listes électorales, à la validité des élections, aux fraudes électorales*), si dangereux à raison de la surexcitation des passions engagées et de la gravité des pressions qui s'exercent, nous introduirions dans le cadre judiciaire des Tribunaux régionaux composés, avec un mandat d'un petit nombre d'années et non renouvelable, de personnalités ayant acquis une haute respectabilité, arrivées au terme de leur carrière, de la sorte préservées des désirs ambitieux et des trop grandes ardeurs d'illusion qui troublent la sérénité de l'esprit.

Les Juges de Paix devraient présenter et recevoir les mêmes garanties que les Juges d'arrondissement.

D'autre part, au Ministère de la Justice doit appartenir la direction d'une organisation d'agents qui lui permette d'assurer, d'une manière régulière, la recherche, la constatation et la poursuite des infractions à la loi pénale, sous des garanties d'indépendance suffisantes pour que leur action ne soit pas paralysée ou détournée au service d'intérêts inavouables, pouvant néanmoins être moindres qu'autour des Juges, à raison de l'atténuation de gravité de ces fonctions.

Nous ne repoussons pas, à titre auxiliaire, sachant la difficulré de réaliser l'absolu, le concours de divers agents ne dépendant pas ou ne dépendant qu'incomplètement du susdit Ministère, notamment d'Agents tels que Préposés de la Régie, des Douanes, d'Octroi, Fonctionnaires de l'Enregistrement, Fonctionnaires des Eaux et Forêts, en ce qui concerne divers délits spéciaux, de la Gendarmerie, etc, avec des pouvoirs de police plus ou moins étendus (*arrestation provisoire, perquisition, saisie et autres mesures d'instruction ou simplement dresse de procès-verbaux*), suivant le degré de confiance mérité par le choix de ces Agents, ni non plus le concours de gardes-particuliers de la propriété privée, avec la condition de l'agrément de l'autorité judiciaire avant l'assermentation. — Certaines Administrations publiques ont non seulement l'exercice, mais aussi la disposition de l'action publique, c'est-à-dire le droit de désistement et celui de transaction (*C. inst. crim. annoté Le Poitevin, sous l'art. 1, nos 171 et s.*). — La mise en mouvement de l'action publique par l'action de la Partie civile n'est pas contestée (*ouvrage précité, sous l'art. 1, n° 23 et s.*) ; pourtant quelle atteinte à l'indépendance des détenteurs de l'action publique, quand on ne se paye pas de mots !

Quant aux Préfets des Départements, évidemment leurs études et préoccupations journalières ne les préparent aucunement au rôle de chefs dans l'ordre de la police judiciaire ordinaire (*nous réservons pour un examen distinct la question de la police de sûreté d'Etat*). Nous ne sommes plus au temps où la science était tellement peu développée qu'un Pic de la Mirandole se trouvait prêt, à tout moment, à disserter *de omni re scibili.* — Le Procureur de la République est le spécialiste qualifié sur ce terrain ; à chacun son rôle à remplir, selon le point de vue particulier qu'il comporte. — Néanmoins il ne faudrait pas, en s'exagérant le danger de l'article 10 C. instr. crim., méconnaître celui du vrai coin d'affût. Si l'un de ces hauts fonctionnaires voulait intervenir, en pareille matière, dans un sens subordonné à un but électoral, comment donc lui prêter l'ingénuité de l'action à découvert qui, dès le premier abord, éveillerait l'attention et paraîtrait suspecte par son caractère insolite, sous le régime de large liberté de discussion, de développement d'esprit critique, de contrôle parlementaire acéré que nous possédons, d'autant plus que les actes auxquels il procèderait ainsi n'auraient qu'un effet strictement provisoire, comme il a été déjà montré, et devraient finalement être soumis à la souveraineté d'appréciation des Tribunaux, à la barre desquels l'arbitraire éclaterait en scandale public ! Naturellement il serait amené, par des visées abusives, à tenter la voie indirecte (*instructions occultes à un Commissaire de police; pression également occulte sur le personnel des Parquets et Tribunaux, en vertu de l'influence que donne la rédaction des Notes confidentielles, dites politiques ; mise en mouvement d'autres interventions complémentaires, à l'appui de témoignages, de pièces, d'expertises rentrant parfois dans les diverses gammes de la légèreté*) et, de ce côté, l'abrogation de l'art. 10 ne parerait à rien ; c'est vers d'autres horizons qu'il y aurait à se tourner, afin de s'orienter dans la direction des garanties efficaces.

Tant que le sort des Commissaires de police demeurera livré au pouvoir discrétionnaire du Ministère de l'Intérieur, les Préfets seront en mesure d'exercer sur leur attitude une action, soit d'impulsion, soit d'assoupissement. Faudrait-il les rattacher au Ministère de la Justice ?

Quel serait le plan de refonte de la Préfecture de Police ?

Le point capital, sur le terrain pratique, serait de commencer par mieux assurer l'indépendance réelle du Juge, vis-à-vis d'entreprises à son encontre de la nature de celles qui viennent d'être envisagées.

En ce qui concerne la Police de Sûreté d'Etat, il ne faut pas perdre de vue qu'au Ministère de l'Intérieur est rattachée une Direction de la Sûreté Générale, destinée à combattre les menées contre la sûreté intérieure et extérieure de l'Etat. — Ne serait-il pas d'un bon effet que cette Direction prît la dénomination, parfaitement légitime, de Direction de la Sûreté du peuple ? — Le public se rendrait mieux compte du caractère de son rôle.

Quand ce Service est mis sur la piste d'un crime ou d'un délit contre la sûreté d'Etat, quelle est l'autorité qui doit être saisie ? — Le Procureur de la République et le Juge d'Instruction sont compétents pour les crimes et délits de cette nature aussi bien que pour tous autres. — Nous ne voyons pas quelle raison serait fondée à invoquer, normalement, la Direction de la Sûreté Générale pour s'écarter d'eux.

Mais, dans des cas d'extrême urgence, n'y aurait-il pas avantage pour la Direction de la Sûreté Générale à avoir les Préfets comme auxiliaires, à l'effet de procéder, sur certaines indications, à des perquisitions, saisies, arrestations provisoires, en particulier à la frontière ou dans un centre d'agitation ?

Assurément un Préfet est exceptionnellement bien outillé pour une action très rapide ; dans les hôtels de Préfecture, une permanence est assurée par lui-même ou un représentant ; il peut se mettre en communication quasi-immédiate, de jour et de nuit, avec les Directions des Ministères et autorités diverses ; en outre, il possède, quant à l'état des esprits sur les points à surveiller, une documentation vigilamment tenue à jour et de nature à éclairer la décision sur les cas particuliers, en lui permettant d'apprécier du premier coup d'œil, par exemple, si une mesure de police, quoique légalement justifiée, ne serait pas inopportune comme de nature à jeter de l'huile sur le feu ou, au contraire, si une certaine hardiesse ne répondrait pas aux circonstances. — Le progrès des moyens de correspondance et de transport offre aux gens mal intentionnés des facilités nouvelles devant lesquelles la lutte deviendrait inégale sans le recours à ce même progrès, en vue de la rapidité. — L'art. 121 du décret réglementaire du 20 mai 1903 autorise même, en police de poursuite, les ordres d'arrestation par télégramme. C'est la pratique courante.

Bien entendu, tout ordre de cette nature doit s'appuyer sur un mandement en la forme ordinaire et il faut que le mandement soit notifié à l'inculpé par remise d'une copie ou que connaissance des motifs lui soit donnée au cours de l'interrogatoire prescrit dans les vingt-quatre heures de son entrée dans la maison de dépôt ou d'arrêt ; sous ces conditions, il n'est pas porté préjudice aux intérêts de la défense (*Cass. Crim. 5 Févr. 1875. B., n° 40 ; 26 Fév. 1883. Dal. 1884. 1, 92 ; 29 Déc. 1911. Dal. 1913. 1, 55*).

Devant le Procureur de la République, que se passerait-il ? — Tout d'abord relevons que le C. instr. crim., art. 32 à 46, ne lui confère les droits de perquisition, saisie et arrestation provisoire qu'à la double condition qu'il y ait flagrant délit et que le fait soit de nature à entraîner une peine afflictive ou infamante ou quand, un crime ou un délit étant commis dans l'intérieur d'une maison, le chef de cette maison le requiert. Hors de ces deux cas, le Procureur de la République est tenu de saisir le Juge d'instruction (*C. instr, art. 47*), ce qui est une complication. — Ces restrictions ne sont peut-être pas toujours observées en fait ; elles n'en sont pas moins la loi. — Ni l'un ni l'autre de ces magistrats ne logent au Palais-de-Justice. — Ils ne sont pas, d'avance, au courant des questions de milieu ou état des esprits. — Bien des parquets ne sont pas pourvus du téléphone. — A quoi sert d'arriver, si l'on arrive trop tard ?

D'autre part le Préfet est investi du droit de faire agir la force publique pour dissiper les attroupements séditieux et repousser les attaques violentes des malfaiteurs *(Dalloz. R. Organisation administrative, n° 252)*.

L'action du Préfet ne serait-elle pas paralysée, si celui-ci perdait le droit de saisie d'armes ou explosifs et d'arrestation provisoire vis-à-vis des excitateurs ou participants ? — Se chargerait-on, en compensation, de retrouver, à son usage, la lyre d'Orphée qui domptait jusqu'aux fauves, jusqu'à l'enfer ?

Nous souhaiterions une plus ample information éclairée par une consultation de professionnels de la Sûreté Générale et de ses archives, tout en précisant que la discussion, au sujet du maintien des droits du Préfet, ne nous paraît admissible que pour les cas d'extrême urgence intéressant la sûreté d'Etat et encore avec cette autre restriction que ledit magistrat administrarif devrait être tenu de passer la main au Procureur de la République ou au Juge d'instructions dans le plus bref délai possible, au cours des vingt-quatre heures de la mesure de police, sous sanction civile et sous sanction pénale.

Ainsi limité le droit d'arrestation du Préfet serait à rapprocher de celui qui est conféré aux simples Gendarmes, implicitement par la loi du 20 mai 1863 sur les flagrants délits correctionnels et explicitement, d'une manière plus générale, par le décret du 20 mai 1913 (*art. 152, 153, 154, 159, 162, 165, 173, 174 et 178*), sous l'empire de considérations pratiques, tout comme se fonde sur des considérations pratiques le droit de légitime défense reconnu aux simples particuliers, en dérogation à la règle que nul ne peut se faire justice à soi-même. — S'il fallait toujours attendre le Procureur de la République et le Juge d'instruction, quelle insécurité ! — La vraie science tient compte des faits, qui sont infiniment complexes ; elle évolue peu à peu, en les pénétrant de mieux en mieux, pour échapper aux jeux de mirage de l'imagination, au byzantinisme, aux idées trop simplistes.

Le Cabinet noir, de si mauvaise mémoire, n'était nullement couvert par l'art. 10 qui implique, au contraire, l'observation des formalités protectrices du C. instr. crim. *(en ce sens la doctrine et la jurisprudence, Dalloz, C. inst. crim. annoté, sous l'art. 10, n° 44 à 46 ; notamment Cass. Civ. 3 août 1874. Dal. 76, 1, 297, rejet d'un pourvoi du Préfet Valentin condamné à quatre mille francs de dommages-intérêts pour excès de pouvoir ayant consisté dans l'inobservation de l'une de ces formalités)* ; c'était une pure illégalité.

Déjà a été arrêtée par M. Clémenceau, au Ministère de l'Intérieur, à la date du 4 août 1906, une circulaire ayant pour but de concilier les vues idéalistes de l'esprit, en cette matière, avec les sollicitations d'ordre pratique *(elle est citée dans le C. instr. crim. annoté de Le Poitevin, sous l'article 10)* :

«Vous voudrez bien ne jamais user de ces pouvoirs sans m'en référer au préalable, soit par un Rapport circonstancié, soit, en cas d'extrême urgence, par une communication détaillée, télégraphique ou téléphonique». — «Si vous étiez amené à faire usage, avec mon autorisation, des pouvoirs que vous confère l'article 10, vous auriez à en aviser le Procureur de la République du Ressort de l'intéressé, au moment même où se produirait votre action, pour permettre à ce magistrat de désigner le Juge d'instruction dont l'intervention vous dessaisirait ».

Quoiqu'il en soit, le vote de l'abrogation de l'art. 10 C. instr. crim. ou d'une modification restrictive qui en limiterait l'application aux cas d'extrême urgence intéressant la sûreté d'Etat et sous condition d'obligation pour l'autorité administrative de dessaisissement, dans le plus bref délai possible au cours des vingt-quatre heures de la mesure dc police, au profit de l'autorité judiciaire, se conçoit sans la charge des autres dispositions de la Proposition P. M. qui comporteraient un examen à part approfondi et dont les principales, complètement étrangères à la Séparation des Pouvoirs, rentreraient logiquement dans le cadre de la Réforme judiciaire proprement dite, celles qui sont relatives à l'organisation intérieure des Juridictions ayant mission de statuer en matière de détention préventive. Leur disjonction serait une solution tout indiquée à ces fins.

Nous croyons arriver à démontrer que, en ce qui concerne les mesures de précaution contre les abus du Cabinet d'instruction, en matière de détention préventive, la Proposition P.M., annonçant les meilleures intentions, n'est pas heureuse dans le choix des moyens, sans doute par inexpérience des conditions de pratique technique (*le « vécu » suggère des observations ayant la valeur de l'expérimentation des sciences positives*).

Certes la liberté individuelle est l'une des conquêtes les plus précieuses de la civilisation.— Pourtant des restrictions s'imposent. Le service militaire, le paiementde l'impôt, les règlements de police, toutes condamnations à l'amende ou à l'emprisonnement par les Tribunaux de répression, à des dommages-intérêts ou autres prestations par les Tribunaux jugeant en matière civile, la détention préventive sont du nombre de ces restrictions. — La liberté individuelle absolue, qu'est-ce donc, sinon l'anarchie?

C'est pour la protection de la liberté et, d'une manière plus générale, des droits de la masse des citoyens qu'est poursuivie la répression des infractions à la loi pénale et il se présente des circonstances où la détention préventive apparaît comme une mesure utile, parfois indispensable, en vue de la réalisation de ce but (*s'il y a lieu de craindre que l'inculpé n'essaie de se soustraire à la Justice ; s'il est dangereux pour la sécurité publique ; si la présence en liberté est de nature à nuire à la manifestation de la vérité*). — La difficulté, c'est d'obtenir la juste mesure entre les intérêts opposés (*à signaler que la mise en liberté provisoire est de droit, cinq jours après l'interrogatoire, quand le maximum de la peine est inférieur à deux ans de prison, si le prévenu est domicilié et n'a pas été condamné pour crime ou à un emprisonnement de plus d'une année, suivant l'art. 113, C. inst. crim.*)

Sans nourrir l'illusion d'atteindre à la perfection des Contes de fée ou des Cités d'utopie, nous ne sommes pas de ceux qui pensent ou professent que tout est au mieux du possible dans le meilleur des mondes et qu'il n'y a qu'à conseryer.

Nous formulerons nos conceptions de progrès, en la matière, après l'examen critique entrepris.

L'idée fondamentale de la Proposition P.M. est de confier le contrôle du Juge d'instruction à ses collègues du Tribunal siégeant en Chambre du Conseil, quant aux mesures relatives à la détention préventive.

Une distinction est établie, en ce qui concerne l'organisation des attributions judiciaires à ce sujet.

Dans les cas prévus au texte remanié de l'article 114 C. instr. crim., le Tribunal siégeant en Chambre du Conseil est substitué au Juge d'instruction pour statuer, après Rapport de celui-ci, sur le maintien de la détention préventive au delà de certains délais, sous réserve d'un droit d'appel (*cet appel est dénommé opposition, dans la pratique courante du Palais, comme pour embrouiller à plaisir*) devant la Chambre des mises en accusation tant au profit du détenu que du Ministère public.

Quant aux cas prévus par les nouveaux articles

113 et 115, la juridiction du Juge d'instruction subsiste, mais la compétence, pour l'appel, est attribuée à la Chambre du Conseil du Tribunal, en dernier ressort, d'après le nouvel article 116.

Actuellement, dans tous les divers cas, la juridiction du premier degré appartient au Juge d'instruction et ses ordonnances ressortissent à la Chambre des mises en accusation. *(En ce sens la Jurisprudence de la Cour de Cassation et Le Poitevin, Manuel des Parquets, Liberté provisoire ; Dalloz, Code inst. crim. annoté, sous l'art. 119, n°s 1 à 9, etc...).*

L'intervention de la Chambre du Conseil ne serait pas une innovation. — C'est un emprunt au Code d'instruction criminelle de 1808. On s'était aperçu, par la suite, que son rôle n'était qu'un rôle de Chambre de Retardement et finalement d'Enregistrement couvrant le Juge d'instruction et le législateur, dans la loi des 17-31 Juillet 1856 (*Voir l'Exposé des Motifs et Rapports dans le Dalloz chronologique, 1856, partie 4me, p. 123 à 128*), a voulu engager la responsabilité du Juge d'instruction, en lui imposant la décision à ciel ouvert. — La toile de Pénélope, indéfiniment faite et défaite, est-ce donc le Progrès ?

Tout Juge est officier du ministère public, disait

un vieil adage recueilli par Serpillon dans son Code criminel.— Ce point de vue est condamné par notre droit moderne (*C. inst. crim. annoté Le Poitevin, sous l'art. 1, n° 29 et s.*).— Le Juge d'instruction ne saurait donc être considéré, en principe, comme une doublure ou le prolongement de la Poursuite, dont le représentant est le Ministère public ; tenant la balance entre la Poursuite et la Défense, il a pour mission de s'appliquer à mettre en lumière tous les éléments d'appréciation, ce qui est exprimé par cette formule juridique qu'il instruit à charge et à décharge ; quand la preuve de l'innocence vient à être saisie ou bien qu'il y a doute marqué, qu'il n'y a aucune charge, pour employer les termes de l'art. 128 C. instr. crim., une ordonnance de non-lieu clôture l'information ; au contraire, s'il existe des présomptions de culpabilité suffisamment fortes, c'est-à-dire s'il y a charges suffisantes, suivant la formule de l'art. 134 C. inst. crim., alors intervient une ordonnance de renvoi devant le Tribunal de simple police ou le Tribunal correctionnel ou de transmission devant le Procureur Général pour être procédé ainsi qu'il est dit au chapitre des mises en accusation du C. instr. crim., suivant que le fait constitue une contravention, un délit ou un crime.

Le Juge d'Instruction est parfaitement qualifié pour statuer, au premier degré, sur la détention préventive, dans tous les cas quelconques, ayant suivi l'affaire dès l'origine, ayant déjà longuement réfléchi, possédant les détails avec l'impression infiniment utile donnée par le contact direct des lieux et des personnes; il n'y aura pas perte d'un temps précieux, au cours d'une procédure où la célérité est une condition favorable.

Dire que cette application du Système du Juge unique compromet la liberté individuelle serait méconnaître l'expérience déjà acquise en divers pays.— Il faut se dégager des idées trop absolues ainsi que des idées de routine. Nous sommes ici en présence d'une situation à laquelle le Système du Juge unique convient tout particulièrement. — A notre Chambre des Députés, au cours d'une discussion du Budget de la Justice, un exposé lumineux des avantages de ce Système, qui était préconisé pour le premier ressort, en thèse générale, produisit une forte impression (*Journal Officiel du 16 novembre 1910, Chambre des Députés, p. 2816 et suivantes. Discours de M. Abel*).

L'avantage de premier plan, c'est que la responsabilité des décisions n'est pas anonyme, en sorte qu'en cas d'abus, l'opinion publique sait à qui s'en prendre et que les chefs hiérarchiques le savent aussi. Ce grand jour est de nature à faire réfléchir, en plaçant sous les regards de la critique.

L'amour-propre est un puissant ressort.

Et l'intérêt à ne pas se compromettre est aussi un puissant ressort, non moins que l'amour-propre.— Or voici les sanctions à la disposition de l'autorité supérieure : Avertissement ou réprimande du Garde des Sceaux, en vertu de l'article 17, loi du 30 août 1883 ; retrait du décret ayant attribué les fonctions de l'instruction (*C. inst. crim. annoté Dalloz, sous l'art. 55, n°ˢ 26 et 27*) ; retard de l'avancement et, dans les cas revêtant un caractère de gravité particulière, poursuites disciplinaires devant le Conseil supérieur de la Magistrature. — Quant à la partie lésée, les articles 483 et suivants C. instr. crim. lui ouvrent la prise à partie, sous certaines conditions restrictives, à la suite d'un abus consommé, et nous avons signalé plus haut la ressource de l'appel devant la Chambre des mises en accusation pour arrêter l'abus en cours.

D'ailleurs, dans les cas où les faits paraissant constituer des abus de fonctions ne seraient pas réprimés, il appartient aux Parlementaires d'user de leur droit de question ou d'interpellation pour attirer l'attention du Ministre de la Justice et l'amener ainsi à instruire, sauf à respecter les décisions qui viendraient à être rendues par les autorités ayant mission de statuer disciplinairement, pour ne pas tomber dans la confusion des Pouvoirs. — Les ligues de simples citoyens pourraient encore remplir un rôle utile à cet effet. Déjà la Ligue des droits de l'homme est orientée dans ce sens, d'après son programme. — Pourquoi d'autres ligues ne se formeraient-elles pas à la rescousse, sur ce programme?

Sans doute, malgré les objurgations de la théorie, les résultats de fait du contrôle des Chefs hiérarchiques, de celui des Avocats, de celui des Ligues, de celui des Parlementaires ne sont pas toujours pleinement satisfaisants (*quandoque bonus dormitat Homerus*).

Il ne faut néanmoins verser dans aucune outrance. Ce serait excessif, à un moment où la France vient de découvrir ses immenses ressources en dévouement intelligent au devoir, de nier que le dégagement des responsabilités soit une garantie tout à fait appréciable (*on verra plus loin les causes des défaillances parfois constatées du côté des énergies de sanction et comment aviser à y parer.*)

Au reste, ne serait-il pas par trop naïf de croire que, au sein d'une société qui viendrait à tomber en déliquescence, c'est-à-dire où ni les Chefs hiérarchiques, ni les Avocats-défenseurs, ni les Parlementaires, ni les Ligues, ni les Chambres des mises en accusation ne rempliraient jamais plus ou presque jamais un devoir de contrôle qui est clair et net, les Chambres du Conseil des divers arrondissements, dont les membres ne sont ni d'une autre essence ni d'une autre formation mentale, feraient merveille, dans des conditions de travail radicalement défectueuses, comme il va être démontré !— Une telle conception ne serait pas autre chose que du fétichisme. Devant la déliquescence, un dilemme pressant s'imposerait : se résoudre virilement à l'effort d'énergie nécessaire pour se relever ou bien périr. — L'état de santé suppose, au sein des sociétés, une activité féconde, inspirée et disciplinée par le sentiment du devoir.

Tant que les fonctions publiques seront occupées par des hommes, il y aura des négligences et des erreurs. Mais, en condamnant tout système d'organisation se montrant impuissant à constituer une ceinture d'infaillibilité autour de ceux qui sont chargés de l'application, on n'aboutirait qu'au complet gâchis, au nihilisme. — Il faut envisager les avantages et les inconvénients des divers systèmes dans leur ensemble et établir froidement, patiemment la balance.— Que l'on fasse sauter quiconque, dans un des Services publics, forfait à sa tâche, mais que l'on ne fasse pas sauter ces Services eux-mêmes.--N'exigeons pas l'impossible.

Il semble que, quand on substitue (*nouvel art. 16*) le Tribunal à la Cour d'appel, pour le dernier ressort, sur le terrain des nouveaux art. 113 et 115, on ne s'est pas aperçu que ses membres n'offrent pas autant de garanties que les Magistrats, placés plus haut et dans une autre ambiance, plus expérimentés, mieux assagis, de la Cour d'appel et n'ont pas la même liberté d'esprit ou indépendance vis-à-vis du Juge d'instruction, qui est leur collègue, et surtout vis-à-vis du Procureur de la République (*les Juges sont notés par le Procureur de la République, de fait au courant des arcanes intimes, auprès du Procureur Général, et, par cette voie, à la Chancellerie ; ceux qui se montreraient très larges risqueraient de passer pour compromettre les intérêts de la société par faiblesse de caractère ou fausseté de jugement. Nos mœurs se sont un peu adoucies depuis l'époque de Paul-Louis Courier, où, quand on n'était pas du même avis, on se traitait de canaille*).

Le nouvel article 116 impose à la Chambre du Conseil la décision le jour même de l'audience, à peine de nullité. C'est l'interdiction d'une étude approfondie des pièces et de la réflexion, en dépit de ce sage dicton de Normandie : « La nuit porte conseil ». — Dans le cas de l'article 114, c'est aussi à la hâte, à la vapeur, presque toujours, que la Chambre du Conseil aura à statuer, pour éviter le déclenchement de l'élargissement de plein droit du détenu.

Il est des Tribunaux qui se trouvent, à certains moments, en quelque sorte débordés par le volume des affaires, où, par suite, certaines décisions sont inévitablement hâtives. C'est le cas de force majeure, mais très grave en conséquences. Il importerait que l'attention du législateur se tournât de ce côté. Le plus capable des Juges est rabaissé à un niveau voisin de celui des devins, astrologues ou chiromanciens, quand, par suite de surcharge, le temps, nécessaire ne lui est pas accordé pour l'étude des éléments de décision.

Assurément, en dehors d'espèces très simples et encore sous cette observation que ce qui paraît très simple au premier abord se complique assez souvent, quand on sait y regarder de plus près, la tâche du Juge est souvent délicate pour arriver à une opinion réellement personnelle ; qu'il se hâte lentement (*lente festina*) ; qu'il se tienne en garde pour ne pas se laisser entraîner par des impressions primesautières, par les effets de l'art oratoire le plus persuasif, par les raisonnements le plus ingénieusement captieux ; qu'il ne recule pas à se livrer à froid à une étude critique approfondie des diverses pièces du dossier, même des rapports d'Experts, et à leur rapprochement ; qu'il pèse le pour et le contre des thèses ; qu'il supplée de son propre fonds à ce qui aurait échappé aux représentants des parties. C'est surtout en première instance, à une période où les affaires s'intruisent, se dégrossissent que l'effort demande patience et longueur de temps.

Oui, le doute est le commencement de la sagesse, chez le Juge. — C'est à une raillerie d'improbation de la légèreté qu'entendait se livrer Rabelais, quand il représentait des décisions judiciaires rendues en lançant les dés en l'air. — Que de funestes erreurs imputables à ce défaut de l'esprit, au cours de l'histoire !

Notre pratique nous fournit bien des cas typiques mettant en relief le danger de la précipitation d'opinion. — Nous nous bornerons à en relever deux.

Voici d'abord l'affaire des « Deux Aveugles ».— Un aveugle, chanteur ambulant, avait obtenu du crédit, sur la production de pièces établissant qu'une succession venait de s'ouvrir à son profit, mais, à l'échéance, le notaire liquidateur, en résidence au chef-lieu de son arrondissement d'origine, déclara que, suivant acte de son ministère, cession avait été faite des droits du susdit par lui-même en personne, moyennant un prix immédiatement quittancé. — Mis en état d'arrestation, sous l'inculpation d'escroquerie, l'aveugle affirma n'avoir pas posé les pieds dans son arrondissement d'origine depuis trois ans, période comprenant le jour de l'acte authentique de cession ; il fut pourtant reconnu comme y ayant séjourné à cette époque et, plus précisément, comme ayant comparu en l'étude du notaire, par cet officier ministériel, d'une honorabilité parfaite, ainsi que par plusieurs autres témoins, la plupart incontestablement de bonne foi, s'étant prononcés à la légère, en subissant l'influence d'un entraînement réciproque; sa mère elle-même se dressait contre lui en accusatrice. Eh bien, frappé par l'énergie de ses protestations et son accent de sincérité, nous avons poussé plus à fond, au risque d'encourir les reproches de lenteur, d'irrésolution, de manque de fermeté. — Finalement, un autre aveugle, également chanteur ambulant, de joyeuse humeur et accompagné d'une concubine servant de guide, mais ne lui ressemblant aucunement par ailleurs, et la mère, furent condamnés, sur aveux arrachés par l'évidence (*l'accusé aveugle, repris de justice, éclatait de rire, en faisant son récit*), en Cour d'assises de l'Ardèche, en juin 1887, à deux années d'emprisonnement, pour faux en écriture authentique et complicité dudit faux.

Le 15 juin 1889 décédait, sans enfant, un propriétaire campagnard, Maire depuis de longues années de la Commune de sa résidence (*St-Thomé*) et dont l'écriture figurait dans de nombreux documents, après avoir légué tous ses biens, par testament olographe, à sa femme, qui était entourée de la considération générale. — Ce testament, contesté, fut soumis à une vérification d'écriture. Les trois Experts, hautement diplômés, ayant fait bloc dans le sens d'une déclaration de faux, le Tribunal d'arrondissement, impressionné par un ensemble de circonstances révélées dans une enquête et qui juraient avec de telles conclusions, n'hésita pas à se livrer à une contre-expertise, travail très minutieux et qui exigea nombre de journées d'assiduité, mais qui fut fructueux. L'écriture fut tenue pour avérée par un Jugement basé sur des précisions qui résistèrent à une nouvelle lutte portée devant la Cour d'appel.

Dans quelles conditions d'infériorité se prononcerait la Chambre du Conseil, par rapport au Juge d'instruction, soit quant au temps qui lui est imparti, soit quant à la limitation de ses moyens de pénétration *(privation de l'audition des témoins et autres moyens de contact avec la réalité, bref, de la physionomie vivante de l'affaire)* ! — Et, s'il a été dit que ce serait, en général, une Chambre d'Enregistrement, il ne faut pas qu'un malentendu sorte de cette qualification. La Chambre du Conseil couvrant le Juge d'instruction, par adoption de l'avis par lui exprimé dans le Rapport qu'il a à présenter, suivant le nouveau texte des articles 114 et 117, sera parfois entraînée à aller même plus loin dans la voie de la rigueur que celui-ci n'aurait osé, en restant livré à l'isolement. — Il est fréquemment si facile de soutenir, non sans quelque apparence de fondement, que la mise en liberté de l'inculpé permettrait des démarches de nature à nuire à la manifestation de la vérité ou mettrait en danger les témoins à charge ou favoriserait des desseins de fuite ! — Tous ceux qui sont au courant du fonctionnement des organisations administratives savent combien certains Chefs de Services aiment à se retrancher, c'est-à-dire à se dissimuler derrière l'avis ou la décision de Commissions d'entourage, animées d'un esprit rassurant et qui statuent après un bref examen, conduites ainsi à céder, dans la demi-incertitude d'une appréciation hâtive, à l'influence du prestige d'une autorité qui est censée avoir approfondi. — Dans les affaires où, au contraire, par exception, le Juge d'instruction serait mis en échec, la présomption s'évinçant des mauvaises conditions du délibéré de la Chambre du Conseil ne serait pas en faveur de ce résultat. — La part des irresponsabilités et du superficiel est déjà assez large, dans les Services publics ; n'apparaît-il pas, à la discussion, que cette part s'accroîtrait, alors que le désir de la réduire est unanime et que tout jour qui y parviendrait serait compté comme heureux par tout le monde? — C'est le cas de dire :

Souvent la peur d'un mal nous conduit dans un pire.

Au bout de quinze jours après le premier interrogatoire, puis de mois en mois, la Chambre du Conseil aurait à statuer sur le maintien de la détention préventive, quand même le détenu ne réclamerait pas. — Ne suffit-il pas que le détenu ait le droit de formuler une demande de mise en liberté provisoire ? — Du moment où le détenu, qui est assisté obligatoirement d'un défenseur, en vertu de l'article 3 de la loi du 8 déc. 1897, ne réclame pas, c'est qu'il reconnaît que la détention préventive est justifiée. — Pourquoi alors cet appareil solennel de la convocation du détenu, de son défenseur, des Juges de la Chambre du Conseil et du Juge d'instruction ayant la mission du Rapport et de tenues d'audience où l'on parlera pour ne rien dire ?

Ne sera-ce pas aux dépens de l'étude réfléchie, reine de lumière, ou par une aggravation des retards qu'il sera répondu à cette complication, dans ces Tribunaux chargés qui précisément évacuent presque toute la masse des affaires ainsi que dans les périodes chargées des autres Tribunaux ?

Nous voilà bien loin de la simplification des Rouages promise dans tant de Programmes !

D'autre part, le nouvel art. 117, à la Proposition P.M., porte que la Chambre du Conseil se compose de trois Juges et du Greffier ; que le Juge qui instruit l'affaire présente Rapport devant elle, puis se retire, étant exclu du délibéré, et l'art. 116, que l'inculpé doit comparaître au plus tard dans les quarante-huit heures de l'appel devant cette Chambre qui est tenue de rendre la décision le jour même.

Comment concilier ce luxe de réunions de tant de Juges, et à l'improviste ou à peu près, avec les réductions du personnel judiciaire résultant de la loi du 28 avril dernier ? — Dans la plupart des Tribunaux, il n'y aura plus qu'un Juge, en dehors du Juge d'instruction exclu du délibéré, et deux, dans certains de ceux qui sont mieux favorisés comme nombre, en sorte que même ici, au cas où l'un de ces deux se trouverait empêché par une circonstance quelconque (*maladie, enquête sur les lieux, visite de lieux, etc...*), le quorum ne sera pas non plus atteint.— D'ailleurs les rares Juges suppléants du ressort n'ont pas le don d'ubiquité. — Je rappelle que, selon la jurisprudence, un Tribunal ne délibèrerait pas valablement, s'il n'y avait au moins deux Juges de carrière, un avocat ou un avoué ne pouvant siéger, à titre complémentaire, que comme troisième membre. — Et encore cette autre observation se présente : qu'un avocat ou un avoué soit appelé, à titre exceptionnel, à compléter le Tribunal, l'inconvénient n'est pas grand, mais ce serait d'une manière à peu près constante que, dans la presque totalité des Tribunaux, le troisième membre de la Chambre du Conseil serait un avocat ou un avoué, pour statuer sur la détention préventive. En plus du dérangement, dans quelle situation embarrassante se trouveraient souvent ces avocats ou avoués, qui ont des relations personnelles ou d'affaires très étendues, qui connaissent directement ou indirectement à peu près tout le monde, au moins dans les petits arrondissements, qui ont à ménager les clients présents ou futurs ! Ils deviendraient le point de mire des sollicitations les plus ingénieuses et les plus pressantes, dès qu'on saurait qu'ils sont normalement le troisième Juge. — Voter une Réforme qui ne rencontrerait plus le personnel nécessaire pour son fonctionnement, ce serait mettre la charrue avant les bœufs. Le fait nouveau, qui se relie à un ensemble de restrictions motivées par le souci financier, est, à lui seul, décisif par les conséquences qui viennent d'être signalées et en voici une autre.

On aboutirait à la suppression absolue, par voie indirecte, des congés ou vacances dans la très grande majorité des Tribunaux, en méconnaissance flagrante de cette nécessité d'une période de diversion ou détente, cure d'air des montagnes ou des bords de la mer, traitement balnéaire pour des intellectuels soumis au régime sédentaire des villes et fournissant un travail cérébral. — Cette inhumanité serait, au reste, très mal entendue, au point de vue de l'intérêt général, en éloignant d'une carrière, devenue une carrière de parias, quiconque serait capable de gagner sa vie autrement (*tout à l'heure sera précisée l'importance de la question du choix du personnel*). — Il y aurait aussi cet inconvénient qu'on ferait, par cette privation des congés ou vacances, des découragés ou des aigris, des déprimés (*des sujets du «cafard», en termes d'actualité*) dans des fonctions où le goût au travail, le feu sacré en même temps que le sang-froid, l'observation calme, la pondération, un parfait équilibre de toutes les facultés sont particulièrement nécessaires. — Un arc qui reste toujours tendu perd de plus en plus de sa force, dit la Sagesse des Nations. — Fût-il admis qu'il se trouve des magistrats qui manquent d'ardeur au travail, il ne serait pas juste d'en faire supporter les conséquences à ceux qui se montrent plus consciencieux.

Nous voici amené à reconnaître que la Proposition P. M. néglige le principal et même le compromet.

Le principal, de beaucoup, c'est le choix du personnel.

J'aimerais mieux être jugé par Salomon ou par St-Louis, sous le chêne de Vincennes, que par Fouché ou Vadier, au Palais-de-Justice de la Cité et avec l'assistance des plus brillants défenseurs; que, sous la garantie du Code d'instruction criminelle le mieux conçu, par Torquemada ou les Juges qui ont envoyé Jeanne d'Arc au bûcher, par des illuminés ou par certains de ces indignes méritant l'apostrophe enflammée de Victor-Hugo :

Cette Justice-là sort de ces Juges-là
Comme des tombeaux la vipère.

Et,qu'une mauvaise sentence soit imputable à de la partialité, ce qui est un cas absolument anormal, ou à une insuffisance professionnelle, le dommage est également ressenti par la victime.

On est parvenu à fabriquer des machines à calculer; on n'arrivera pas à des machines rendant de vrais Jugements. — Les Jugements sont et resteront l'expression de la valeur des Juges.

Sans tant de contredits et d'interlocutoires
Et de fatras et de grimoires,
Travaillons, les frelons et nous,
On verra qui sait faire, avec des sucs si doux,
Des cellules si bien bâties,

bourdonnent les mouches à miel de Lafontaine, et, quand, à la suite de cet observateur de bon sens, on fixe son attention sur l'importance primordiale du choix du personnel, on voit que, dans la Proposition P. M., le fond est lâché pour la forme ; la proie, pour l'ombre. — Le fond, la proie, c'est le bon Juge, le Juge à la fois pleinement consciencieux, instruit, ayant le don de fine observation et réfléchi, qui est la garantie la plus sûre, la vraie garantie, soit au Cabinet d'Instruction, soit au Siège. — Non seulement on ne se préoccupe pas d'améliorer le personnel en attirant et en sélectionnant, mais on aboutirait au découragement de ce personnel et à l'avilissement du recrutement par la perspective de la suppression indirecte des congés ou vacances, dans la très grande majorité des Tribunaux, quatre Juges étant nécessaires pour un fonctionnement normal de l'institution en vue *(avec un retour au personnel de luxe d'avant la Guerre, les inconvénients mis en dernier lieu en relief disparaîtraient ou seraient très atténués, mais ceux qui subsisteraient seraient encore d'une gravité marquée).*

Or précisément il serait facile pour l'Etat de reconnaître quels sont les Juges d'instruction à la hauteur de leurs fonctions, de manière à se trouver en mesure d'éliminer les non-valeurs. — Quel ensemble de qualités natives, d'expérience de la vie et d'application à réunir pour être un bon Juge d'instruction ! — Tandis que, au Tribunal, la responsabilité est anonyme, les avis étant émis en secret et sans qu'il en reste trace, l'œuvre du Juge d'instruction, au contraire, est une œuvre qui porte un cachet personnel et qui reste gravée, sinon dans le marbre et l'airain, du moins dans le papier (*verba volant, scripta manent*).

Quand M. Dufaure était au Ministère de la Justice, il s'attachait à prendre par lui-même connaissance des dossiers de recours en grâce qui y passaient et à y puiser des éléments d'appréciation sur la valeur des Juges d'instruction. — C'est une méthode à recueillir et à étendre. Des vérifications devraient être opérées régulièrement par la Chancellerie dans les dossiers des Cabinets d'instruction pour relever les abus et, d'un autre côté, les mérites.

Les Présidents d'Assises, ceux des Chambres d'appels correctionnels et des Chambres des mises en accusation, sous les yeux desquels passent nombre de ces procédures, seraient en mesure d'orienter très utilement de telles recherches.

D'utiles indications d'orientation seraient aussi fournies par les Conseils de l'Ordre des Avocats près les Cours d'appel agissant comme centralisant les renseignements de l'ensemble des Barreaux, sans trahir les sources *(en vue du meilleur rendement)*.

Il serait naturel que la Chancellerie se fît assister, pour cet examen de contrôle, par des Conseillers de Cours d'appel, qui consigneraient le résultat de leurs observations en forme de rapports. — Ce n'est pas sur le hasard d'une procédure isolée, c'est sur un ensemble de procédures rapprochées qu'on arriverait à une opinion consistante. — D'ailleurs il est d'équité élémentaire de considérer qu'un Juge d'instruction ayant en même temps sur le chantier un grand nombre d'affaires n'est pas en état de leur imprimer la rapidité de marche réalisable dans les périodes ou les Cabinets moins chargés, d'autant plus qu'en de telles matières, la réflexion est un précieux instrument (*raro antecedentem scelestum deseruit pede pœna claudo*).

Un surcroît de précaution, à l'encontre de l'influence des relations personnelles ou des impressions préconçues, se concevrait par le choix de tout vérificateur dans une région éloignée de celle du sujet.

Cette organisation réaliserait un progrès d'autant plus marqué que plus ferme serait la volonté de mettre à profit ce qui serait ainsi appris ; en d'autres termes, elle demanderait, comme complément, une réaction sans trêve ni merci contre les faiblesses du favoritisme. — L'intérêt d'un commerçant ou d'un industriel à subordonner le choix et l'avancement de leurs employés au mérite est tellement direct et saisissant qu'il est presque toujours prépondérant. Dans les Administrations publiques, au contraire, les relations personnelles,

les recommandations, la faveur se sont montrées de tout temps des dissolvants plus ou moins actifs. On connaît le mot cinglant de Beaumarchais : « *Il fallait un calculateur. C'est un danseur qui l'obtint* ».—

D'autre part, il arrive qu'il se rencontre, chez certains de ceux qui sont chargés de noter, un peu de pusillanimité devant la perspective de ressentiments ou, d'autres fois, un reste d'incertitude qui paralysent.

Nous rappellerons la possibiliié du retrait des fonctions d'instruction par décret et les mesures des art. 14 et 15 de la loi du 30 août 1883. — Ne conviendrait-il pas d'ajouter au second paragraphe dudit art. 15 autorisant la mise en retraite proportionnelle des magistrats inamovibles rendus inaptes à un service utile par des infirmités graves et permanentes (*surdité, cécité, etc.*) une disposition qui permettrait au Conseil supérieur de la magistrature de prendre une mesure semblable vis-à-vis de ceux dont l'insuffisance professionnelle, également caractérisée, serait d'ordre intellectuel, au moins pendant une période d'épreuve de dix années ?

L'art du gouvernement est un art très délicat, exigeant du tact, du caractère, l'effort d'application consciencieuse, de plus la documentation et le temps d'étude ; aucune formule magique ne saurait suppléer à ces conditions.

Dans la lutte contre le mal dénoncé, n'y aurait-il pas lieu aussi d'envisager, pour les nominations ou mouvements du personnel judiciaire, un Conseil composé d'anciens Présidents de la République, de hauts magistrats, Conseillers d'Etat et Professeurs de Facultés de droit en retraite, représentant la sagesse de l'expérience unie aux connaissances théoriques (*sapientia Patrum*) et l'indépendance de la carrière terminée ?

Si les pratiques de favoritisme ne sont pas enrayées pour le moment, que du moins l'opinion publique, en présence des conséquences, sache à qui ou à quoi s'en prendre, au lieu de s'égarer sur de fausses voies ; que les feux du phare de la doctrine brillent d'un éclat pur sur les hauts sommets et guident l'avenir.

Il a été déjà indiqué que le prévenu détenu est nanti d'un droit d'appel devant la Chambre des mises en accusation contre l'Ordonnance du Juge d'instruction qui aurait rejeté une demande de mise en liberté provisoire, mais il faudrait donner à l'exercice de ce droit un plein développement, en autorisant l'intervention d'un Avocat à l'audience. Actuellement les moyens du requérant sont, d'après l'art. 217 C. instr. crim., consignés en des mémoires, pièces mortes ayant un effet de pénétration bien moindre que celui d'une plaidoirie.— La partie n'est vraiment pas égale avec le Ministère public en possession de l'avantage de l'argumentation orale, s'imposant à l'attention, suivie sans effort, soutenue par l'action oratoire, mettant ainsi en relief les points qui lui sont favorables, à l'abri de toute réplique, et c'est, en général, sans désemparer (*C. instr. crim., art. 218, 219 et 225*), c'est-à-dire sous le coup immédiat de cette impression d'entraînement, que la Chambre des mises en accusation statue ; sans doute, sur le bureau, le dossier de l'affaire reste à sa disposition, mais c'est un dossier composé de pièces presque toujours d'une écriture hâtive mal formée, encombré, embroussaillé de détails devenus inutiles par la suite des éclaircissements, présentant ceux qui sont pertinents à l'état de dispersion, dossier par conséquent ingrat à compulser et dont la signification exacte ne se dégage pas aisément. — Dans notre réforme, l'Avocat choisi ou désigné d'office comme défenseur se présenterait au cours du délai de cinq jours fixé par l'art. 217 C. inst. crim., sans citation, à raison de l'intérêt de célérité, afin d'obtenir l'indication du jour et de l'heure de l'audience. Quant à la présence du prévenu détenu, elle soulèverait, sans utilité appréciable, des difficultés d'ordre pratique, par la nécessité d'un double transfèrement demandant un personnel d'accompagnement et des délais. — L'art. 2, § 5 de la loi du 28 avril dernier exige que, dans toute affaire soumise à la Chambre des mises en accusation, il soit fait Rapport par l'un de ses membres. C'est une innovation heureuse, d'une portée considérable, pourtant insuffisante.

L'art. 228 C. inst. crim. autorise les Chambres des mises en accusation à ordonner un supplément d'information dans les affaires dont elles se trouvent saisies en vertu des art. 133 et 135, et les art. 235 et 236 de ce Code l'autorisent même à dessaisir d'office le Juge d'instruction, en évoquant une instruction en cours, pour la confier à l'un de ses membres. Nous voudrions une disposition complémentaire permettant à un prévenu, même en dehors des cas des art. 133 et 135 C. inst. crim., de présenter devant cette juridiction et d'y faire soutenir par le ministère d'un Avocat une requête tendant à une évocation de cette nature, au grief que l'instruction à laquelle il se trouverait soumis serait conduite par le Juge avec une lenteur injustifiée ou de manière à compromettre la manifestation de la vérité.

Un règlement pourrait imposer au Juge d'instruction un Rapport périodique (*hebdomadaire, de quinzaine ou simplement mensuel)* sur l'état des affaires en cours, pour être soumis à la Chambre des mises en accusation. Tout comme la Proposition P.M., cette innovation mériterait d'être adoptée, si l'on fait abstraction des inconvénients (*du revers de la médaille*). — Dans l'ordre judiciaire, il est de rigueur de serrer les réalités de très près, en donnant une analyse patiente pour base à toute synthèse ; les licences des belles-lettres, telles que les fantaisies du fameux siège de l'abbé de Vertot, y deviendraient forfaiture. Pour qu'un tel Rapport présentât de l'intérêt, il devrait donc entrer dans des détails de minutieuse exactitude de nature à prendre un temps précieux, au détriment de la rapidité de la marche des procédures, partant au détriment des détenus dans l'attente, car, à la différence de nos grands avocats, le magistrat dont il s'agit ne dispose pas de secrétaires pour faire face aux recherches de précision qui seraient inévitablement lentes, dans les fourrés de renseignements en partie contradictoires et, de plus, l'amour-propre l'inciterait à un travail complémentaire de polissage du style (*il n'y mettrait sans doute pas le souci qui coûtait tant de veilles à Gustave Flaubert ; néanmoins ce serait encore une consommation de temps*).

Au Sénat, le 9 février 1909 (*J. Officiel du 10 février 1909, Sénat, p. 90*), M. Ribot signalait l'encombrement des affaires, entraînant des retards souvent bien malencontreux, au Palais de Justice de la Seine, et il établissait un rapprochement avec les grandes villes d'Angleterre où les Cabinets d'instruction sont allégés par l'institution de Juges de police ou Juges de paix inamovibles à compétence étendue entre lesquels sont répartis les divers quartiers. Tout individu arrêté est amené devant un de ces Juges, qui a sous la main des hommes de police connaissant le quartier et qui, sachant le degré de confiance qu'il peut leur accorder, parvient à conduire rapidement une enquête permettant de reconnaître s'il y a lieu à maintien de l'arrestation ou à mise en liberté provisoire. Cette décentralisation donne des résultats qualifiés de merveilleux par M. Ribot. Il n'y a pas à s'en étonner. Voilà une méthode pratique. Les Anglais allègent les Juges d'instruction trop chargés, tandis que la Proposition P. M. alourdit davantage par l'intervention de la Chambre du Conseil à laquelle le Juge d'instruction aurait à soumettre des communications étendues ou rapports. — Et, en Angleterre, l'organe complémentaire est un Juge placé dans les meilleures conditions pour y voir de près rapidement ; ici, ce serait une Chambre masquant toute responsabilité individuelle et à qui ne seraient donnés ni la physionomie vivante de l'affaire ni le temps d'une étude de vérification réfléchie, moins bien éclairée, somme toute, que le Juge d'instruction et, par conséquent, moins bien armée pour résister à l'influence du Ministère public, s'il y a lieu. — Le souvenir rapporté d'au delà de la Manche par M. Ribot mériterait d'être traduit en une proposition ferme.

Les partisants du Jury correctionnel seraient dans la logique en proposant une Commission composée de citoyens tirés au sort sur des listes dressées par les Conseils municipaux de l'arrondissement ou par le Conseil général et qui, comme la Commission arbitrale des loyers, siégeraient sous la présidence d'un Juge. — Afin d'éviter des difficultés de déplacement, la condition de résidence au chef-lieu judiciaire ou dans un court rayon autour de ce chef-lieu serait exigée.

Il y aurait à adoucir le régime de la détention préventive qui est une mesure de police de sûreté, non une peine.

Privas. — Imp. Volle.

www.ingramcontent.com/pod-product-compliance
Ingram Content Group UK Ltd.
Pitfield, Milton Keynes, MK11 3LW, UK
UKHW021950260726
13994UKWH00004B/1648

9 782329 011936